Escreva com Clareza

- Guia Prático -
Estudantes de Direito e Advogados

Edgar Portela Aguiar

Escreva com Clareza

- Guia Prático -

Estudantes de Direito e Advogados

GZ
EDITORA
Rio de Janeiro
2021

1ª edição – 2021

CIP – Brasil. Catalogação-na-fonte.
Sindicato Nacional dos Editores de Livros, RJ.

A228e

Aguiar, Edgar Portela
Escreva com clareza: guia prático: estudantes de direito e advogados / Edgar Portela Aguiar. - 1. ed. - Rio de Janeiro: GZ, 2021.
100 p.: il.; 17 cm.

Inclui bibliografia e índice
ISBN 978-65-5813-011-6

1. Direito - Brasil - Linguagem. 2. Língua portuguesa - Português técnico. I. Título.

20-68310

CDU: 340.113(81)

GZ EDITORA

e-mail: contato@editoragz.com.br
www.editoragz.com.br
Av. Erasmo Braga, 299 – sala 202 – 2º andar – Centro
Rio de Janeiro – RJ – CEP 20010-170
Tels.: (0XX21) 2240-1406 / 2240-1416 – Fax: (0XX21) 2240-1511

Impresso no Brasil
Printed in Brazil

UM TEXTO CLARO É AQUELE QUE O LEITOR ENTENDE

"A palavra não foi feita para enfeitar, brilhar como ouro falso; a palavra foi feita para dizer."

Graciliano Ramos

Dedicatória

Dedico este livro à minha esposa Myriam Paloma Portela Aguiar e aos meus filhos Lunna Beatriz Portela Aguiar e Francisco Portela.

Sumário

ESCREVA NA ORDEM DIRETA

A ordem direta é SUJEITO + VERBO + COMPLEMENTO.
Com base nesse esquema, o texto fica mais claro.

Leia esta oração:

Ouviram do Ipiranga as margens plácidas de um povo heroico o brado retumbante.

Forma mais adequada:

As margens plácidas do Ipiranga (sujeito) ouviram (verbo) um brado retumbante de um povo heroico (predicado).

TRANSFORME DOCUMENTOS EM SUJEITOS DA ORAÇÃO

O argumento ganha objetividade e credibilidade quando os documentos são os sujeitos da oração. Nesse sentido, use expressões como: o contrato confirma, o laudo atesta, as mensagens revelam

Leia esta oração:

O requerente comprou um carro, consoante consta no contrato de compra e venda.

Forma mais adequada:

O contrato de compra e venda (sujeito) confirma (verbo) que o requerente comprou um carro (predicado).

Leia esta oração:

A Sra. Cláudia, de acordo com a certidão de óbito, faleceu.

Forma mais adequada:

A certidão de óbito (sujeito) atesta (verbo) o falecimento da Sra. Cláudia (predicado).

ESCREVA NA VOZ ATIVA

A voz ativa dá força e objetividade à afirmação.

A voz ativa ocorre quando o sujeito pratica a ação (Exemplo: João matou). Já a voz passiva ocorre quando o sujeito sofre a ação (Exemplo: João foi morto).

Leia esta oração:

A reclamante foi humilhada (voz passiva) pelo dono da empresa perante os funcionários.

Forma mais adequada:

O dono da empresa humilhou (voz ativa) a reclamante perante os funcionários.

Leia esta oração:

Os documentos foram juntados (voz passiva) pelo autor na tarde de ontem.

Forma mais adequada:

O autor juntou (voz ativa) os documentos na tarde de ontem.

EVITE ADJETIVOS

Os adjetivos são imprecisos e enfraquecem o argumento. Assim, opte por informações similares.

Leia esta oração:

Estava muito frio (adjetivo) quando do ocorrido.

Forma mais adequada:

Marcava 2ºC (informação) quando do ocorrido.

Leia esta oração:

O réu foi cruel (adjetivo).

Forma mais adequada:

O réu tirou os olhos e os dedos da vítima antes de matá-la. (informação).

ESCREVA OS MESES POR EXTENSO

Facilite a vida do leitor escrevendo os meses por extenso.

Desta forma, ele não terá que fazer a conta nos dedos para saber qual é o mês.

Leia esta oração:

Em 03/03/2018.

Forma mais adequada:

Em 3 de março de 2018.

PRIMEIRO O CARGO E DEPOIS O NOME

Escreva o cargo antes do nome da autoridade. Para o argumento, o cargo é mais importante do que o nome da autoridade.

Leia esta oração:

Gilmar Mendes, Ministro do STF.

Forma mais adequada:

O Ministro do STF Gilmar Mendes.

Leia esta oração:

Jair Bolsonaro, Presidente da República.

Forma mais adequada:

O Presidente da República Jair Bolsonaro.

ESCOLHA O VERBO MAIS ADEQUADO

Cada verbo traz consigo uma intenção diferente. Posto isto, busque escolher o verbo de acordo com a intenção que você quer dar ao argumento.

Vejamos:

A testemunha disse ...

A testemunha revelou ...

A testemunha esclareceu ...

A testemunha reafirmou ...

Note que dizer não é o mesmo que revelar e esclarecer não é o mesmo que reafirmar.

MELHOR NÃO UTILIZAR A PALAVRA "COISA"

A palavra "coisa" é imprecisa e enfraquece o argumento.

Leia esta oração:

O livro de Ruy Barbosa é uma coisa formidável.

Forma mais adequada:

O livro de Ruy Barbosa é uma obra formidável

DIGA O QUE É, AO INVÉS DO QUE NÃO É

As palavras criam imagens em nossa mente.

Quando escrevemos que não vamos mentir, a mente pensa na mentira.

É melhor redigir que falaremos a verdade.

Leia esta oração:

Eu não estou mentindo.

Forma mais adequada:

Eu digo a verdade.

Leia esta oração:

Não quero ocupar o tempo de Vossa Excelência.

Forma mais adequada:

Serei breve.

ENFRAQUEÇA A AFIRMAÇÃO DE SEU ADVERSÁRIO

Transcrever o verbo no pretérito imperfeito enfraquece a afirmação proferida por seu adversário.

A afirmação se torna imprecisa ou inacabada.

Diz o Adversário:

O acusado matou a vítima (presente do indicativo).

Você diz:

O acusado teria matado a vítima (pretérito imperfeito).

Para enfraquecer ainda mais a afirmação, acrescente a palavra "supostamente".

Você diz:

O acusado teria, supostamente, matado a vítima (pretérito imperfeito).

Acrescente também a expressão: "Sob o ponto de vista".

Você diz:

Sob o ponto de vista da acusação, o acusado teria, supostamente, matado a vítima (pretérito imperfeito).

Note que a certeza da afirmação inicial (o acusado matou a vítima) ficou imprecisa.

EVITE ADJETIVOS

O risco do adjetivo é a possível discordância do leitor. Veja.

Leia esta oração:

> O requerido é um vagabundo porque acorda tarde. Por isso, não tem condições de permanecer com a guarda do filho.

O leitor pode pensar: Ora, eu também acordo tarde e não sou um vagabundo.

ESTRUTURE O TEXTO

O texto é estruturado em introdução, desenvolvimento e conclusão.

Na introdução, escreva em três linhas qual o problema central do texto (a tese). No desenvolvimento, apresente argumentos que confirmam o que foi dito na introdução. Na conclusão, revele o objetivo do texto, ou seja, a ideia que você quer implantar na cabeça do leitor.

Exemplo:

A requerida está maltratando o filho (introdução – problema central).

O laudo psicológico da Delegacia Especializada da Criança confirma que a requerida e o namorado castigavam a criança com pancadas de chinelo de borracha no rosto (desenvolvimento – argumento 1).

O Boletim de Ocorrência registra declarações de vizinhos de que a requerida deixava o infante sozinho em casa quando ia para festas noturnas e retornava em completo estado de embriaguez (desenvolvimento – argumento 2).

A própria mãe da requerida enviou mensagens pelo WhatsApp declarando que não sabia mais o que fazer, vendo o neto naquela situação (desenvolvimento – argumento 3).

A psicóloga da escola emitiu parecer de que a criança apresenta mudanças comportamentais traumáticas (desenvolvimento – argumento 4). Portanto, a requerida deve perder a guarda do filho (conclusão).

Você pode e deve colocar no desenvolvimento todos os argumentos possíveis para justificar o que foi dito na introdução.

FUJA DAS LOCUÇÕES VERBAIS

Na locução verbal (verbo auxiliar + verbo principal), o verbo auxiliar tira a força e vigor do verbo principal.

Leia esta oração:

Ele vai (verbo auxiliar) estudar (verbo principal) amanhã.

Forma mais adequada:

Ele estudará amanhã.

Leia esta oração:

O requerente está (verbo auxiliar) tentando (verbo principal) ganhar tempo.

Forma mais adequada:

O requerente tenta ganhar tempo.

APLIQUE O SILOGISMO DEDUTIVO

Estruture seu argumento nessa ordem:

premissa maior (afirmação geral)
+
premissa menor (afirmação específica que se encaixa na afirmação geral)
+
síntese (conclusão lógica).

i. Premissa maior (lei, doutrina, jurisprudência etc.).

ii. Premissa menor (o que houve no caso concreto).

iii.Síntese (conclusão).

Exemplo 01:

O artigo 186 do Código Civil estabelece que: "Aquele que, por ação ou omissão voluntária, negligência ou imprudência, violar direito e causar dano a outrem, ainda que exclusivamente moral, comete ato ilícito" (premissa maior). No caso, a requerida de forma negligente arremessou enorme pedra que destruiu o vidro do carro do requerente (premissa menor). Portanto, ela praticou ato ilícito (síntese).

Exemplo 02:

O artigo 1.023 do CPC preconiza que os embargos serão opostos no prazo de 5 dias da publicação da decisão (premissa maior). No caso, a embargante opôs os embargos após 15 dias da publicação da decisão (premissa menor). Logo, o recurso é intempestivo (síntese).

Exemplo 03:

A doutrina de Fredie Didier ensina que "cabem embargos de declaração, quando o julgado embargado decide a demanda orientado por premissa fática equivocada" (premissa maior). No caso, o Magistrado rejeitou o pedido do autor pela ausência da juntada dos cheques, porém tais documentos constam em folhas 131 (premissa menor). Assim, os embargos são cabíveis ante a premissa equivocada da decisão (síntese).

Um conceito também pode ser objeto da premissa maior. Veja:

Exemplo 04:

Decisão omissa é aquela que não enfrenta argumento capaz de alterar a conclusão do julgador (premissa maior – conceito). No caso, o argumento do embargante de que está atravessando crise financeira é incapaz de alterar a conclusão de que as notas fiscais deveriam ser apresentadas (premissa menor). Desse modo, requer seja desprovido o recurso (síntese).

INFORME COM PERSUASÃO

Siga esses mandamentos: (a) alegue comprovando; (b) aponte contradições; (c) faça comparações; (d) cite autoridades; (e) mostre dados estatísticos.

1º mandamento. Alegue comprovando.

O áudio anexado mostra a ré gritando de dor devido aos socos do marido. O laudo médico, por sua vez, evidencia que os ataques foram na região do rosto. Os vizinhos viram tudo.

2º mandamento. Aponte contradições.

Apesar de o marido alegar que o sangue em sua mão não era o da esposa, a perícia concluiu que o sangue era da vítima.

3º mandamento. Faça comparação.

O laudo psiquiátrico reforça que o agressor age como psicopata.

4º mandamento. Cite autoridades.

A jurisprudência do STF manteve a condenação de 6 anos em caso similar ao presente no Recurso Especial nº 000000000.

5º mandamento. Mostre dados estatísticos.

Pesquisa do IBGE aponta que 40% das mulheres sofrem algum tipo de agressão física no lar pelos maridos.

Veja o resultado:

O áudio anexado mostra a ré gritando de dor devido aos socos do marido. O laudo médico, por sua vez, evidencia que os ataques foram na região do rosto. Os vizinhos viram tudo.
Apesar de o marido alegar que estava em outro local, a perícia concluiu que o sangue na mão dele era da vítima.

O laudo psiquiátrico reforça que o agressor age como psicopata.
A jurisprudência do STF manteve a condenação de 6 anos em caso similar ao presente no Recurso Especial nº 000000000.
Ademais, a pesquisa do IBGE aponta que 40% das mulheres sofrem algum tipo de agressão física no lar pelos maridos.

ORGANIZE O PARÁGRAFO

Assim como organizamos o texto em introdução + desenvolvimento + conclusão, o parágrafo deve ser organizado em ideia central (tópico frasal) + argumentos que confirmam a ideia central + conclusão.

O segredo é colocar uma ideia central em cada parágrafo. O leitor não consegue processar varias informações ao mesmo tempo.

Exemplo 1

O filho não gosta do pai (ideia central). Eles nunca brincaram juntos (justificativa 1). O genitor foi ausente (justificativa 2). A criança foi educada pelo padrasto (justificativa 3). Logo, é aceitável tamanha indiferença da criança (conclusão).

Exemplo 2

A liberdade provisória deve ser concedida (ideia central). A fundamentação da ordem de prisão é genérica (justificativa 1). Não há elementos nos autos que apontem que o acusado seja capaz de colocar em risco a ordem pública (justificativa 2). Não encontramos na peça acusatória uma linha sequer detalhando o *modus operandi* da ação delituosa (justificativa 3). Assim, a prisão processual é ilegítima e deve ser revogada (conclusão).

A mesma estrutura também é usada quando citamos a legislação no parágrafo.

Veja:

Exemplo 3

O suspeito agiu em legítima defesa de terceiro nos termos do artigo 25 do CP (ideia central + lei). Ele atirou no momento em que o criminoso estuprava sua filha (justificativa 1). Dessa maneira, não há prática de crime conforme artigo 23 do CP (conclusão).

A estrutura do exemplo 3 é bastante utilizada nas respostas de questões de concursos ou na segunda fase do exame da OAB.

SEPARE EM TÓPICOS

As petições jurídicas são separadas em tópicos para facilitar a leitura do Magistrado. Leia com atenção a petição abaixo.

> Ao juízo da ___ª Vara Cível da Comarca de Manaus.
>
> Juliana Bastos, brasileira, casada, desempregada, CPF nº 0000000, RG nº 0000000000, residente em Manaus – AM, na avenida tal, nº 00000, CEP 000000, por meio de seu advogado, vem apresentar
>
> AÇÃO INDENIZATÓRIA POR DANOS MORAIS
> contra Carlos Garcia, brasileiro, casado, empresário, residente em Manaus – AM, na avenida tal, nº 00000, CEP 000000, pelas razões abaixo elencadas.

FATOS (tópico 1)

O réu xingou a requerente na reunião do condomínio (introdução – ideia central).

Os vídeos atestam que o réu xingou a requerente de vagabunda e piranha durante reunião condominial do dia 30 de janeiro de 2020 (desenvolvimento – argumento 1).

O Boletim de Ocorrência confirma que cinco vizinhos testemunharam as agressões verbais. Eles disseram que a revolta do réu iniciou em razão de discordância de opinião (desenvolvimento – argumento 2).

A Ata da reunião revela que 90% (noventa por cento) dos condôminos presenciaram o ocorrido (desenvolvimento – argumento 3)

Portanto, a requerente busca ser indenizada por dano moral (conclusão).

DANO MORAL (Tópico 2)

O inciso X do artigo 5º da Constituição Federal estabelece que "são invioláveis a intimidade, a vida privada, a honra e a imagem das pessoas, assegurado o direito a indenização pelo dano material ou moral decorrente de sua violação" (premissa maior).

No caso, a réu ofendeu a honra subjetiva e objetiva da requerente (ideia central do parágrafo). Xingou a vítima de vagabunda e piranha na reunião condominial (justificativa). Este fato configura dano moral (conclusão do parágrafo).

Portanto, requer seja o réu condenado ao pagamento de R$ 50 mil por danos morais (conclusão do tópico dano moral).

GRATUIDADE DE JUSTIÇA (Tópico 3)

O artigo 98 do CPC orienta que "a pessoa natural ou jurídica, brasileira ou estrangeira, com insuficiência de recursos para pagar as custas, as despesas processuais e os honorários advocatícios tem direito à gratuidade da justiça, na forma da lei" (premissa maior).

No caso, a requerente não tem condições financeiras de arcar com as despesas processuais (ideia central do parágrafo). O documento do seguro desemprego certifica que ela está desempregada (justificativa). Desse modo, faz *jus* à gratuidade de justiça (conclusão do parágrafo).

Portanto, requer seja concedida a gratuidade de justiça (conclusão do tópico gratuidade de justiça).

PEDIDOS (Tópico 4)

Ante o exposto, requer:

01. o deferimento da justiça gratuita;

02. seja designada audiência de conciliação;

03. a citação do réu para contestar;

04. a total procedência da ação, para condenar ao pagamento de R$ 50.000,00 (cinquenta mil reais) por danos morais.

PROVAS (Tópico 5)

A requerente provará suas alegações através de todos os meios admitidos pelo ordenamento jurídico.

VALOR DA CAUSA (Tópico 5)

O valor da causa é de R$ 50.000,00 (cinquenta mil reais).

Pede deferimento.

Manaus (AM), 2 de fevereiro de 2020.

Bruno Machado da Silva
Advogado

Como se vê,
escrever uma
petição é mui-
to fácil, desde
que você siga
as técnicas
deste livro

APOSTE NA LINGUAGEM SIMPLES

Atualmente a simplicidade e clareza andam de mãos dadas. Um texto simples é mais fácil de ser compreendido por nosso leitor.

Leia esta oração:

Destaca-se, todavia, que elidir esse imbróglio não causou maiores dificuldades a esse desiderato.

Forma mais adequada:

Foi fácil resolver esse problema.

Eis o que disse o Ministro do STF, Luís Roberto Barroso, acerca da importância da linguagem simples nos dias atuais:

> "De fato, em outra época, falar difícil era tido como expressão de sabedoria.
> Chamar autorização do cônjuge de outorga uxória ou recurso extraordinário de irresignação derradeira era sinal de elevada erudição. Hoje em dia, quem se expressa assim é uma reminiscência jurássica.

Nos dias atuais, a virtude está na capacidade de se comunicar com clareza e simplicidade, conquistando o maior número possível de interlocutores. A linguagem não deve ser um instrumento autoritário de poder, que afaste do debate quem não tenha a chave de acesso a um vocabulário desnecessariamente difícil.

Einstein gastou uma página para expor a teoria da relatividade. É a qualidade do argumento, e não o volume de palavras, que faz a diferença".

Fonte: <https://oab-ms.jusbrasil.com.br/noticias/70514/arevolucao-da-brevidade-luis-roberto-barroso>.

RESPONDA POSSÍVEIS QUESTIONAMENTOS DO LEITOR

Adote expressões como

"Há quem diga",

"Alguns acreditam",

"Muitos acham".

Vários questionamentos surgem na cabeça do leitor durante o ato de ler. Logo, cabe a você antevê-los e respondê-los. Observe:

Exemplo 1

Há quem diga que o reclamante não trabalhava por nunca ter saído de casa, porém, o contrato anexado revela que ele trabalhava à distância para uma empresa de computação na função de programador.

Exemplo 2

Alguns acreditam que o Sr. Genivaldo é um homem bruto, no entanto, os familiares declaram que ele é uma pessoa romântica, e um pai e marido amoroso.

TRAGA EXEMPLOS DA VIDA REAL

Argumentar com exemplos da vida real convence com mais facilidade. O leitor tem a percepção de que aquele assunto é um problema comum.

Vejamos: O Ministro do STF, Luís Roberto Barroso, citou casos reais quando defendeu em seu voto a importância da prisão antes do trânsito em julgado. Leia:

> "Em votos anteriores acerca dessa mesma matéria, eu listei uma série de casos emblemáticos que ilustravam o padrão de impunidade do modelo anterior: (i) o jornalista que matou a namorada e passados 10 anos continuava solto levando vida normal; (ii) o parlamentar que desviou muitos milhões e só foi finalmente cumprir

pena 14 anos depois, às vésperas da prescrição, por uma atuação pro-ativa do Ministro Toffoli; (iii) o do jogador de futebol que dirigindo embriagado provocou a morte de três pessoas e depois de 21 recursos a pena prescreveu; (iv) o suplente de deputado federal que contratou pistoleiros para matar a titular e tomar a sua vaga, que só foi condenado e preso 13 anos depois; (iv) o caso dos assassinos da missionária Dorothy Stang, morta em 2005, e que só agora, em 2019, foram finalmente cumprir pena; (v) o caso do Propinoduto do Rio de Janeiro, ocorrido entre 1999 e 2002, com desvio de mais de R$ 100 milhões de reais, cuja decisão condenatória só veio a ser executada em 2018; (vi) o caso que motivou a virada jurisprudencial, em 2009: uma tentativa de homicídio praticada em 1991, que prescreveu em 2012, sem trânsito em julgado" (ADC 43/DF).

DESCREVA A EVOLUÇÃO HISTÓRICA DO TEMA

Quando você consegue demonstrar o nascimento e as transformações de determinado assunto, o leitor se sente seguro na tomada de decisão.

Exemplo 1

Não é de hoje que o acusado age dessa forma. Ele estuprou duas crianças em 2009 e sete alunas em 2011.

Exemplo 2

Desde o CPC/73, e ainda com o advento do CPC/2015, a jurisprudência do STJ permite a redução do valor das multas quando desproporcionais.

ESCREVA POUCO DIZENDO MUITO

Antes de escrever, pense em como passar a mensagem usando poucas palavras. A mensagem deve ser passada sem cansar o leitor.

Leia esta oração:

A agravante interpôs o recurso bem fora do prazo.

Forma mais adequada:

O recurso da agravante é intempestivo.

Leia esta oração:

Vou ter que dizer novamente que não quero briga no local.

Forma mais adequada:

Reafirmo que quero paz no local.

ORGANIZE A EXPOSIÇÃO DAS INFORMAÇÕES

Enumere as informações.

Facilite a leitura.

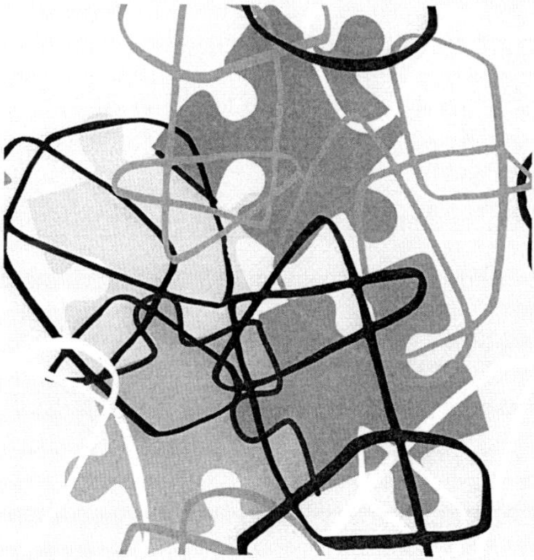

Leia esta oração:

"Dou seguimento ao recurso pelos seguintes motivos: o trancamento da ação penal via *habeas corpus* é possível em situações nas quais o constrangimento ilegal seja identificado de plano, sem exame aprofundado das provas; deve estar comprovada a atipicidade da conduta, a extinção da punibilidade ou a evidente ausência de justa causa; e não se visualizou, de plano, a ausência de justa causa porque a contratação de assessores e ex–assessores parlamentares para trabalhar como coordenadores de campanha, sem registro na respectiva prestação de contas, caracteriza o fato típico previsto no art. 350 do Código Eleitoral".

Forma mais adequada:

Na hipótese, foi negado seguimento ao recurso pelos seguintes motivos:

(i) o trancamento da ação penal via *habeas corpus* é possível em situações nas quais o constrangimento ilegal seja identificado de plano, sem exame aprofundado das provas;

(ii) deve estar comprovada a atipicidade da conduta, a extinção da punibilidade ou a evidente ausência de justa causa;

(iii) não se visualizou, de plano, a ausência de justa causa porque a contratação de assessores e ex-assessores parlamentares para trabalhar como coordenadores de campanha, sem registro na respectiva prestação de contas, caracteriza o fato típico previsto no art. 350 do Código Eleitoral.

IMPRIMA SUA PERSONALIDADE NO TEXTO

Faça todo o esforço para escrever como se estivesse conversando com alguém no dia a dia. As técnicas deste livro são importantes, porém tente adaptá-las ao seu jeito. Ou seja, encontre o meio-termo entre a técnica e a naturalidade.

NÃO ABUSE DOS ARTIGOS *UM, UMA, UNS* E *UMAS*

O artigo indefinido é impreciso e contamina o texto.

Leia esta oração:

"Uma" viatura da polícia estava parada perto de "uma" festa quando "uns" jovens vestiam "um" casaco suspeito.

Forma mais adequada:

A viatura da polícia estava parada perto da festa quando jovens vestiam casaco suspeito.

CUIDADO COM OS PRONOMES *SEU, SUA, SEUS, SUAS*

Possivelmente os pronomes possessivos (seu, sua, seus e suas) trarão ambiguidade (duplo sentido).

Leia esta oração:

A ré pegou todos os documentos do marido, como também sua identidade.

Forma mais adequada:

A ré pegou todos os documentos e a identidade do marido.

Na primeira oração não sabemos de quem é a identidade; se é da ré ou do marido.

LEIA EM VOZ ALTA

Quando lemos a redação final em voz alta, contamos aquela história para nossos ouvidos. Com isso, detectamos se o ritmo da redação está adequado, como também se o texto está bem escrito.

SEJA INIMIGO DO "QUEÍSMO"

Arranque o "que" da sua vida. O "queísmo" impede que você vá direto ao ponto. Veja:

Leia esta oração:

Ficaram na sala as meninas "que" gostam de estudar.

Forma mais adequada:

Ficaram na sala as meninas estudiosas.

Leia esta oração:

A requerida, "que" é advogada, chegou cedo.

Forma mais adequada:

A requerida, advogada, chegou cedo.

Leia esta oração:

Ela está infeliz desde "que" perdeu a mãe.

Forma mais adequada:

Ela está infeliz desde a perda da mãe.

Leia esta oração:

Edgar, "que" é o escritor "que" escreveu a obra *Casa Branca*, mora neste bairro.

Forma mais adequada:

Edgar, escritor da obra *Casa Branca*, mora neste bairro.

Leia esta oração:

A petição inicial está escrita de um modo "que" não dá para entender.

Forma mais adequada:

A petição é ininteligível.

A IDEIA HEGEMÔNICA

Não raro, mudamos a ordem da oração ou das palavras para enfatizar determinada ideia.

Exemplo 1

"Quando lemos a redação final em voz alta", contamos a história para nossos ouvidos.

No exemplo acima a ênfase está na expressão "quando lemos a redação final em voz alta".

Exemplo 2

"Contamos a história para nossos ouvidos", quando lemos a redação em voz alta.

Agora, a ênfase está na expressão "contamos a história para nossos ouvidos".

Exemplo 3

Leia esta oração:

As notícias falsas do Blog.

Forma mais adequada:

As falsas notícias do Blog.

No exemplo 3, quando o adjetivo "falsas" vem antes, ele ganha maior ênfase.

CHEGOU A HORA DE LIMPARMOS A SUJEIRA

Vamos praticar?

Os exemplos abaixo foram extraídos de casos reais.

Exemplo 1

Texto sujo:

Ocorre que, os patronos da parte autora foram extremamente infelizes em suas alegações no referido protesto quando afirmam, de forma leviana, irresponsável, e sem qualquer comprovação.

Texto limpo:

As alegações dos patronos da autora no protesto vieram sem comprovação.

Exemplo 2

Texto sujo:

A Ré já havia requerido anteriormente, adiamento da audiência pautada para dia 20/03/2018, alegando estar internada face a procedimento cirúrgico da mama.

Texto limpo:

Em 05 de março de 2018, a ré pediu adiamento da audiência do dia 20 de março 2018 em razão de procedimento cirúrgico.

Exemplo 3

Texto sujo:

Excelência, não há bem mais precioso para o ser humano do que gozar de perfeita saúde, logo a pessoa mais prejudicada em toda esta contenda é a Ré, que se encontra doente em uma cama, incapaz de levar uma vida normal.

Texto limpo:

Excelência, a ré é a mais prejudicada por estar enferma e acamada.

Exemplo 4

Texto sujo:

Cabe esclarecer, que a forma de pagamento acordada entre as partes, conforme contrato juntado aos autos, previa o seu cumprimento da seguinte forma:

Texto limpo:

Eis a forma de pagamento prevista no contrato:

Exemplo 5

Texto sujo:

Em verdade, da leitura do termo de queixa inicial, resta evidente que a Requerente se arrependeu do valor que vendeu o imóvel, e pretende exigir que a Requerida lhe pague uma valorização que o mercado imobiliário teve.

Texto limpo:

A queixa inicial evidencia o arrependimento da requerente pela venda do imóvel e agora quer exigir da requerida o pagamento de valorização imobiliária.

Exemplo 6

Texto sujo:

O Requerente pleiteia os benefícios da JUSTIÇA GRATUITA, assegurada pelo amplo direito à obtenção de prestação jurisdicional, com fulcro no art. 5º, XXV, CF, e na Lei nº 1.060/1950, que estabelece normas para a concessão de assistência judiciária aos necessitados, tendo em vista que o Requerente não pode arcar com as despesas processuais.

Texto limpo:

O requerente não pode arcar com as despesas processuais e pleiteia os benefícios da justiça gratuita conforme artigo 5º, XXXV, da CF, e Lei nº 1.060/1950.

Exemplo 7

Texto sujo:

Contudo, dita decisão sequer gerou uma nova alteração contratual tendo em vista o resultado do Agravo de Instrumento interposto pela parte contrária, o qual derrubou dita decisão e deixou incólume a 6ª alteração contratual.

Texto limpo:

O resultado do agravo de instrumento derrubou a decisão e manteve a 6ª Alteração Contratual.

Exemplo 8

Texto sujo:

Desta vez, no processo 0208888-52.2010.8.04.0001, o Requerente perdeu os últimos 3% (três por cento) de suas quotas em favor de Bruno, sendo retirado completamente da sociedade neste ato.

Texto limpo:

O requerente saiu da sociedade quando perdeu os últimos 3% de suas cotas para Bruno no processo 0208888-52.2010.8.04.0001.

CUIDADO COM AS NOMINALIZAÇÕES

Nominalização é a transformação de um verbo em substantivo (nome). Esse fenômeno enfraquece a afirmação e prejudica a concisão. Nos exemplos abaixo, observe a transformação dos verbos "revisar", "reduzir" e "fiscalizar".

Leia esta oração:

Necessito que os advogados façam uma revisão (nome) do texto.

Forma mais adequada:

Necessito que os advogados revisem (verbo) o texto.

Leia esta oração:

Teremos que fazer uma redução (nome) do número de laudas.

Forma mais adequada:

Teremos que reduzir (verbo) o número de laudas.

Leia esta oração:

Preciso que tome uma decisão (nome) rapidamente.

Forma mais adequada:

Preciso que decida (verbo) rapidamente.

Leia esta oração:

Os Auditores-Fiscais da Receita Federal efetuaram uma fiscalização (nome) ontem.

Forma mais adequada:

Os Auditores-Fiscais da Receita Federal fiscalizaram (verbo) ontem.

USE EXPRESSÕES SIMPLES E ENXUTAS

Expressões simples agilizam a leitura.

Leia esta oração:

"A despeito de fato de" serem casadas, elas estavam beijando outros homens.

Forma mais adequada:

Apesar de casadas, elas estavam beijando outros homens.

Leia esta oração:

Requer seja decretada a procedência da ação, "com o propósito de" condenar a requerida por danos morais.

Forma mais adequada:

Requer seja decretada a procedência da ação, "para" condenar a requerida por danos morais.

Leia esta oração:

"No que concerne" ao caso dos empregados, a empresa providenciou as verbas rescisórias.

Forma mais adequada:

"Sobre" o caso dos empregados, a empresa providenciou as verbas rescisórias.

ATENÇÃO PARA A REDÚNDÂNCIA

Redundância é a repetição desnecessária de ideias e, ademais, aprendemos aqui que devemos eliminar excessos. Conheça as expressões redundantes e evite-as.

SUBIU PARA CIMA.

VOLTAR ATRÁS.

HÁ MUITO TEMPO ATRÁS.

CONCLUSÃO FINAL.

PROTAGONISTA PRINCIPAL.

OUTRA ALTERNATIVA.

SI MESMO.

MONOPÓLIO EXCLUSIVO.

CONSENSO GERAL.

ADIAR PARA DEPOIS.

INFILTROU DENTRO.

O GIGOLÔ DAS PALAVRAS

Encerro esse livro com a bela crônica do genial escritor Luís Fernando Veríssimo chamada

O Gigolô das Palavras

"Quatro ou cinco grupos diferentes de alunos do Farroupilha estiveram em minha casa numa mesma missão designada por seu professor de Português: saber se eu considerava o estudo da Gramática indispensável para aprender e usar a nossa ou qualquer outra língua. Cada grupo portava seu gravador cassete, certamente o instrumento vital da pedagogia moderna, e andava arrecadando opiniões. Suspeitei de saída que o tal professor lia esta coluna, se descabelava diariamente com suas afrontas às leis da língua, e aproveitava aquela oportunidade para me desmascarar. Já estava até preparando, às pressas, minha defesa ("Culpa da revisão!"). Mas os alunos desfizeram o equívoco antes que ele se criasse. Eles mesmos tinham escolhido os nomes a serem entrevistados. Vocês têm certeza de que não pegaram o Veríssimo errado? Não. Então vamos em frente.

Respondi que a linguagem, qualquer linguagem, é um meio de comunicação e deve ser julgada exclusivamente como tal. Respeitadas algumas regras básicas da Gramática, para evitar os vexames mais gritantes, as outras são dispensáveis. A sintaxe é uma questão de uso de princípios. Escrever bem é escrever claro, não necessariamente certo. Por exemplo: dizer "escrever claro" não é certo, mas é claro, certo? O importante é comunicar. (E quando possível surpreender, iluminar, divertir, comover... Mas aí entramos na área do talento, que também não tem nada a ver com a Gramática.) A Gramática é o esqueleto da língua. Só predomina nas línguas mortas, e aí de interesse restrito a necrólogos e professores de Latim, gente em geral pouco comunicativa. Aquela sombria gravidade que a gente nota nas fotografias em grupo dos membros da Academia Brasileira de Letras é de reprovação pelo Português ainda estar vivo. Eles só estão esperando, fardados, que o Português morra para poderem carregar o caixão e escrever sua autópsia definitiva. É o esqueleto que nos traz de pé, certo, mas ele não informa nada, como a Gramática é a estrutura da língua, mas sozinha não diz nada, não tem futuro. As múmias conversam entre si em Gramática pura.

Claro que eu não disse tudo isso para meus entrevistadores. E adverti que minha implicância com a gramática na certa se devia à minha pouca intimidade com ela. Sempre fui péssimo em Português. Mas – isto eu disse – vejam vocês, a intimidade com a Gramática é tão dispensável que eu ganho a vida escrevendo, apesar da minha total inocência na matéria. Sou um gigolô das palavras. Vivo às suas custas. E tenho com elas a exemplar conduta de um cáften profissional. Abuso delas. Só uso as que eu conheço, as desconhecidas são perigosas e potencialmente traiçoeiras. Exijo submissão. Não raro, peço delas reflexões inomináveis para satisfazer um gesto passageiro. Maltrato-as, sem dúvida. E jamais me deixo dominar por elas. Não me meto na sua vida particular. Não me interessa seu passado, suas origens, sua família nem o que outros já fizeram com elas. Se bem que não tenha também o mínimo escrúpulo em roubá-las de outro, quando acho que vou ganhar com isto. Algumas são de baixíssimo calão. Não merecem o mínimo respeito.

Um escritor que passasse a respeitar a intimidade gramatical das suas palavras seria tão ineficiente quanto um gigolô que se apaixonasse pelo seu plantel. Acabaria tratando-as com a deferência de um namorado ou com a tediosa formalidade de um marido. A palavra seria sua patroa! Com que cuidados, com que temores e obséquios ele consentiria em sair com elas em público, alvo da impiedosa atenção de lexicógrafos, etimologistas e colegas. Acabaria impotente, incapaz de uma conjunção. A Gramática precisa apanhar todos os dias para saber quem é que manda".

Luís Fernando Veríssimo

BIBLIOGRAFIA

ALMEIDA, Nilson Teixeira de. *Gramática completa para concursos e vestibulares*. 2. ed. São Paulo: Saraiva, 2009.

BECHARA, Evanildo. *Gramática fácil [recurso eletrônico]*. 2. ed. Rio de Janeiro: Nova Fronteira, 2018.

CARNIELLI, Walter Alexandre; EPSTEIN, 1952. *Pensamento crítico:* o poder da lógica e da argumentação. 4. ed. São Paulo: Rideel, 2019.

CHAPARRO, Manuel Carlos. *Como dizer e agir pelo texto*. São Paulo: Jornalistas&Cia Livros, 2019.

FISH, Stanley Eugene. *Como escrever e ler uma sentença:* um guia de estilo e argumentação para criar frases de impacto. São Paulo: Saraiva, 2012.

MACCEDO, Paulo. *Copywriting – o método de escrita centenário mais cobiçado do mercado americano*. ed. Ltda., 2018.

MOURA, Chico; MOURA, Wilma. *Tirando de letra:* orientações simples e práticas para bem escrever. Companhia das letras.

PESTANA, Fernando. *A gramática para concursos públicos*. 3. ed. [5. Reimpr.]. Rio de Janeiro: Forense; São Paulo: Método, 2018.

ROMAN, Kenneth ; RAPHAELSON, Joel. R66$_{3c}$. *A escrita dos líderes [recurso eletrônico]*. Tradução Claudia Gerpe Duarte. Rio de Janeiro: Best Business, 2016.

STELLA, Vivian Rio.

___.